...OT DE DESSINS & MODÈLES

GUIDE PRATIQUE

DU DÉPOSANT

des Secrétaires des Conseils de Prud'hommes

et des Greffiers

des Tribunaux Civils ou de Commerce *981*

LOI DU 14 JUILLET 1909

TEXTE COMPLET

suivi du Règlement d'Administration Publique, de la Circulaire aux Présidents des Conseils de Prud'hommes, des Formules de Déclaration de dépôt, de Certificat de Dépôt et de Demandes de Publicité, Prorogation ou Restitution, complété par un fac-similé de dépôt, portant toutes indications, sceaux et cachets prévus par ladite loi.

Prix de l'exemplaire : **1 franc**

En vente :

IMPRIMERIE LAFORGE

36, Rue de la Préfecture

SAINT-ÉTIENNE (LOIRE)

ET CHEZ LES LIBRAIRES

LOI du 14 Juillet 1909

sur les

DESSINS & MODÈLES

TEXTE COMPLET

suivi du Règlement d'Administration Publique, de la Circulaire aux Présidents des Conseils de Prud'hommes, des Modèles de Déclaration de dépôt, de Certificat de dépôt et de Demandes de Publicité, Prorogation ou Restitution, complété par un fac-similé de dépôt, portant toutes indications, sceaux et cachets prévus par ladite loi.

Prix de l'exemplaire : 1 franc

En vente :

IMPRIMERIE LAFORGE

36, Rue de la Préfecture

SAINT-ÉTIENNE (Loire)

ET CHEZ LES LIBRAIRES

LOI DU 14 JUILLET 1909

SUR LES

DESSINS & MODÈLES

ARTICLE PREMIER

Tout créateur d'un dessin ou modèle et ses ayants cause ont le droit exclusif d'exploiter, vendre ou faire vendre ce dessin ou modèle, dans les conditions prévues par la présente loi, sans préjudice des droits qu'ils tiendraient d'autres dispositions légales et notamment de la loi des 19-24 juillet 1793, modifiée par la loi du 11 mars 1902.

ART. 2.

La présente loi est applicable à tout dessin nouveau, àtoute forme plastique nouvelle, à tout objet industriel qui se différencie de ses similaires, soit par une configuration distincte et reconnaissable lui conférant un caractère de nouveauté, soit par un ou plusieurs effets extérieurs lui donnant une physionomie propre et nouvelle.

Mais, si le même objet peut être considéré à la fois comme un dessin ou modèle nouveau et comme une invention brevetable et si les éléments constitutifs de la nouveauté du dessin ou modèle sont inséparables de ceux de l'invention, ledit objet ne peut être protégé que conformément à la loi du 5 juillet 1844.

Art. 3.

Les dessins ou modèles régulièrement déposés jouissent seuls du bénéfice de la présente loi.

La propriété d'un dessin ou modèle appartient à celui qui l'a créé ou à ses ayants droit ; mais le premier déposant dudit dessin ou modèle est présumé, jusqu'à preuve contraire, en être le créateur.

La publicité donnée à un dessin ou modèle, antérieurement à son dépôt, par une mise en vente ou par tout autre moyen, n'entraîne la déchéance ni du droit de propriété ni de la protection spéciale accordée par la présente loi.

Art. 4.

Des décrets spéciaux à certaines industries pourront prescrire les mesures nécessaires pour permettre aux industriels de faire constater leur priorité d'emploi d'un dessin ou modèle, notamment par la tenue de registres privés soumis à l'estampille administrative.

Art. 5.

Le dépôt est effectué, sous peine de nullité, au secrétariat du Conseil de prud'hommes, ou, à défaut du Conseil de prud'hommes, au greffe du Tribunal de commerce du domicile du déposant.

Lorsque le domicile du déposant est situé hors de France, le dépôt est effectué, sous peine de nullité, au secrétariat du Conseil de prud'hommes du département de la Seine.

La déclaration de chaque dépôt est transcrite sur un registre avec la date, l'heure du dépôt et un numéro d'ordre ; un certificat de dépôt reproduisant ces mentions est remis au déposant.

Le dépôt comporte, sous peine de nullité deux exemplaires identiques d'un spécimen ou d'une représentation de l'objet revendiqué, avec légende explicative, si le déposant le juge nécessaire, le tout contenu dans une boîte hermétiquement fermée et sur laquelle sont apposés le cachet et la signature du déposant, ainsi que le sceau et le visa du secrétariat ou du greffe, de telle sorte qu'on ne puisse l'ouvrir sans faire disparaître ces certifications.

Le même dépôt peut comprendre de 1 à 100 dessins ou modèles qui doivent être numérotés du premier au dernier. Les dessins ou modèles non numérotés ou portant des numéros répétés ou au delà de 100 ne seront pas considérés comme valablement déposés au regard de la présente loi.

Art. 6.

La boîte déposée peut rester au secrétariat ou au greffe pendant une période de cinq années au maximum ; aussi longtemps qu'elle y est laissée, le dépôt des objets qu'elle renferme demeure secret.

Le déposant ou ses ayants cause peuvent toujours, dès le début comme au cours de la susdite période, requérir la publicité du dépôt, soit à l'égard de tous les objets compris dans la boîte, soit seulement à l'égard de l'un ou de plusieurs d'entre eux.

Le déposant ou ses ayants droit, lorsqu'ils veulent opposer le dépôt aux tiers, doivent requérir l'ouverture de la boîte scellée, en faire extraire l'objet ou les objets au sujet desquels ils entendent engager une instance judiciaire et demander la publicité du dépôt au regard desdits objets.

Lorsque la publicité du dépôt d'un dessin ou modèle est requise par le déposant ou ses ayants cause, la boîte déposée est adressée à l'Office national qui procède à l'ouverture de ladite boîte, prélève les deux exemplaires du dessin ou modèle, constate l'identité de ces deux exemplaires, fait reproduire par un procédé photographique l'un d'eux qui sera destiné à être communiqué aux tribunaux, s'il y a lieu, tandis que l'autre exemplaire demeurera à l'Office, où il sera communiqué dans les conditions déterminées par le règlement prévu à l'article 15 ci-après.

Les autres objets contenus dans la boîte et pour lesquels la publicité n'est pas requise sont remis sous scellés fermés avec certification à l'appui.

Une épreuve de la reproduction du dessin ou modèle rendu public, avec copie de la légende et les explications nécessaires pour compléter ladite reproduction, est mise à la disposition du public à l'Office national.

Des épreuves, portant également copie des mentions explicatives et de la déclaration du dépôt, seront délivrées, moyennant une taxe, au déposant qui en fera la demande ou à ses ayants cause, ainsi qu'à toute partie engagée dans une contestation judiciaire relative au dessin ou modèle.

Art. 7.

La durée totale de la protection accordée par la présente loi au dessin ou modèle déposé est sous la réserve et les conditions ci-après indiquées, de cinquante ans à partir de la date du dépôt.

A l'expiration de la période des cinq premières années pendant laquelle le dépôt peut rester au secrétariat ou au greffe, la boîte, renfermant sous scellés les objets pour le dépôt desquels la publicité n'a pas été requise avant ce terme, est restituée au déposant sur sa demande.

S'il veut maintenir son dépôt, soit au regard de tous les objets contenus dans la boîte, soit seulement au regard de l'un ou de plusieurs d'entre eux, le déposant doit, avant l'expiration des susdites cinq années, requérir le maintien de ce dépôt soit avec la publicité prévue à l'alinéa 4 de l'article 6, soit sous la forme secrète, pour chacun desdits objets.

La boîte scellée est adressée à l'Office national, qui procède à son ouverture et en extrait les objets pour lesquels le maintien du dépôt a été demandé ; il donne à chacun de ceux pour lesquels elle a été requise la publicité prévue aux alinéas 4 et 6 de l'article 6, met sous une enveloppe fermée et scellée avec certification à l'appui les deux exemplaires de chacun de ceux pour lesquels le maintien du secret a été requis et laisse les autres objets dans la boîte à nouveau close et scellée comme il est prescrit à l'alinéa 5 de l'article 6, en prévision de la restitution qui peut être réclamée en vertu de l'alinéa 2 du présent article.

Le dépôt ainsi maintenu à l'Office national, soit avec publicité, soit à couvert, prend fin vingt-cinq ans après la date de son enregistrement au secrétariat ou au greffe si, avant l'expiration dudit délai, le déposant n'en a pas demandé la prorogation pour une nouvelle période de vingt-cinq ans.

Au début de cette nouvelle période, le dépôt conservé sous la forme secrète à l'Office national reçoit, par les soins de celui-ci, la publicité prévue aux alinéas 4 et 6 de l'article 6 si elle ne lui a pas déjà été demandée au cours de la seconde période.

Art. 8.

Au moment où les dépôts s'effectuent, il est versé au secrétariat du conseil ou au greffe du tribunal une indemnité de 3 fr. 95 par dépôt, plus 5 centimes par objet déposé. Sont compris dans la susdite indemnité l'allocation prévue par l'article 58 de la loi du 27 mars 1907 et les frais de timbre.

Lorsque soit au cours, soit à la fin de la première période la publicité du dépôt est requise, il est payé une taxe de 30 francs par chacun des objets qui, sur la demande du déposant, sont extraits de la boîte scellée et conservés, avec publicité, par l'Office national, conformément aux dispositions de l'alinéa 4 de l'article 6 ; la taxe est de 5 francs par chacun des objets que l'Office, sur la demande du déposant, garde en dépôt sous la forme secrète.

La prorogation d'un dépôt, à l'expiration des vingt-cinq premières années, est subordonnée au paiement d'une nouvelle taxe dont le montant est de 50 francs par chacun des objets qui demeurent protégés si le dépôt a été rendu public et de 75 francs s'il est resté jusqu'alors secret.

Art. 9.

Lorsque la publicité d'un dépôt ou que son maintien avec ou sans publicité n'ont pas été demandés avant le terme prescrit de cinq années et que, à l'expiration de ce délai, la boîte scellée n'a pas été réclamée, les scellés sont ouverts et les objets renfermés dans la boîte sont transmis aux établissements qui auront été désignés, à cet effet, par décret.

Sont également remis auxdits établissements, après vingt-cinq ans les objets pour lesquels aucune prorogation de dépôt n'a été requise ; après cinquante ans, ceux dont le dépôt a été prorogé. Les objets que les établissements sus-indiqués auront jugés dignes d'être conservés, seront exposés ou communiqués au public ; sur chacun d'eux seront mentionnés les nom, prénoms, qualité et domicile du déposant ainsi que la date du dépôt. Des inscriptions signaleront au public que ces renseignements sont donnés aux intéressés pour les inviter et les aider à rechercher si le droit exclusif de reproduire ceux de ces objets qui constituent des dessins ou des sculptures au sens purement technique de ces mots, est encore garanti par la loi des 19-24 juillet 1793, modifiée par la loi du 11 mars 1902.

Art. 10.

Toute atteinte portée sciemment aux droits garantis par la présente loi est punie d'une amende de 25 à 2.000 francs.

Dans les cas de récidive ou si le délinquant est une personne ayant travaillé pour la partie lésée, il est prononcé, en outre, un emprisonnement d'un mois à six mois.

Il y a récidive lorsqu'il a été prononcé contre le prévenu, dans les cinq années antérieures, une première condamnation pour un des délits prévus par la présente loi.

Les coupables peuvent, en outre, être privés pendant un temps qui n'excédera pas cinq années du droit d'élection et d'éligibilité pour les tribunaux et chambres de commerce, ainsi que pour les conseils de prud'hommes.

Art. 11.

Les faits antérieurs au dépôt ne donnent ouverture à aucune action dérivant de la présente loi.

Les faits postérieurs au dépôt, mais antérieurs à sa publicité ne peuvent donner lieu, en vertu du précédent article, à une action, même au civil, qu'à la charge par la partie lésée d'établir la mauvaise foi de l'inculpé.

Aucune action, pénale ou civile, ne peut être intentée, en vertu du même article, avant que le dépôt n'ait été rendu public.

Lorsque les faits sont postérieurs à la publicité du dépôt, leurs auteurs peuvent exciper de leur bonne foi, mais à la condition d'en rapporter la preuve.

La confiscation, au profit de la partie lésée, des objets portant atteinte aux droits garantis par la présente loi est prononcée, même en cas d'acquittement.

Le tribunal, en cas de condamnation, peut en outre prononcer la confiscation des instruments ayant servi spécialement à la fabrication des objets incriminés.

Art. 12.

La partie lésée peut, même avant la publicité du dépôt, faire procéder, par tous huissiers, à la description détaillée, avec ou sans saisie, des objets ou instruments incriminés, en vertu d'une ordonnance rendue par le président du tribunal civil dans le ressort duquel les opérations devront être effectuées, sur simple requête, production du certificat de dépôt et récépissé des taxes prévues à l'article 8.

Le président a la faculté d'autoriser le requérant à se faire assister d'un officier de police ou du juge de paix du canton et d'imposer au requérant un cautionnement que celui-ci est tenu de consigner avant de faire procéder à l'opération ; ce cautionnement est toujours imposé à l'étranger qui requiert la saisie.

Copie est laissée aux détenteurs des objets décrits tant de l'ordonnance que de l'acte constatant le dépôt du cautionnement, le tout à peine de nullité et de dommages-intérêts contre l'huissier.

A défaut par le requérant de s'être pourvu, soit par la voie civile, soit par la voie correctionnelle, dans le délai de quinzaine, outre un jour par 5 myriamètres de distance entre le lieu où se trouvent les objets décrits ou saisis et le domicile de la partie à poursuivre, la description ou saisie est nulle de plein droit sans préjudice des dommages-intérêts.

Art. 13.

Le bénéfice de la présente loi s'applique aux dessins et modèles dont les auteurs ou leurs ayants cause sont Français ou domiciliés en France, ou ont en France des établissements industriels ou commerciaux, ou sont, par leur nationalité, leur domicile ou leurs établissements industriels ou commerciaux, ressortissants d'un Etat qui assure la réciprocité, par sa législation intérieure ou ses conventions diplomatiques, pour les dessins et modèles français.

Art. 14.

La présente loi entrera en vigueur six mois après sa promulgation.

A dater de cette époque, les dépôts antérieurs qui seraient encore valables d'après la législation précédente seront soumis aux dispositions de la présente loi ; les dépôts à perpétuité cesseront d'être valables cinquante ans après sa mise en vigueur ; les dépôts faits pour cinq ans au moins pourront être renouvelés dans les conditions prévues par la présente loi, avant l'expiration du délai pour lequel ils ont été effectués.

Les déposants ou leurs ayants cause auront la faculté de réclamer soit la restitution, soit l'ouverture et la publicité de leurs dépôts antérieurs, dans les conditions prévues aux alinéas 2 et 3 de l'article 7, avec faculté de faire établir un duplicata du dépôt.

Art. 15.

Un règlement d'administration publique fixera la matière, les dimensions, le poids, le mode de fermeture de la boîte à déposer, la formule de la déclaration, les conditions d'ouverture et de publicité du dépôt, les conditions dans lesquelles se feront la restitution au déposant après la première période, la communication de l'exemplaire destiné aux tribunaux et sa réintégration à l'Office national, la taxe afférente aux mesures transitoires prévues par l'alinéa 3 de l'article 14 et toutes autres dispositions nécessaires pour l'exécution de la présente loi.

Les taxes prévues par la présente loi, à l'exception de l'indemnité visée par le paragraphe 1 de l'article 8, seront perçues par le Conservatoire national des arts et métiers, pour le service de l'Office national de la propriété industrielle.

Art. 16.

Des règlements d'administration publique détermineront les conditions dans lesquelles la présente loi sera applicable à l'Algérie et aux colonies.

ART. 17.

Sont abrogés les articles 15 à 19 de la loi du 18 mars 1806 et toutes autres dispositions contraires à la présente loi relatives aux dessins et modèles de fabrique.

La présente loi délibérée et adoptée par le Sénat et par la Chambre des Députés sera exécutée comme loi de l'Etat.

Fait à Paris, le 14 juillet 1909.

A. FALLIÈRES

Par le Président de la République :

Le ministre du commerce et de l'industrie,
Jean CRUPPI

Officiel du 19 juillet 1909

RÈGLEMENT D'ADMINISTRATION PUBLIQUE

Ministère du Commerce et de l'Industrie

Le Président de la République française,

Sur le rapport du ministre du commerce et de l'industrie et du ministre de la justice,

Vu la loi du 14 juillet 1909 sur les dessins et modèles et notamment le paragraphe 1 de l'article 15 de ladite loi, ainsi conçu :

« Un règlement d'administration publique fixera la matière, les dimensions, le poids, le mode de fermeture de la boîte à déposer, la formule de la déclaration, les conditions d'ouverture et de publicité du dépôt, les conditions dans lesquelles se feront la restitution au déposant après la première période, la communication de l'exemplaire destiné aux tribunaux et sa réintégration à l'office national, la taxe afférente aux mesures transitoires prévues par l'alinéa 3 de l'article 14 et toutes autres dispositions nécessaires pour l'exécution de la présente loi » ;

Le conseil d'Etat entendu,

Decrète :

TITRE Ier

FORMALITÉS DU DÉPÔT

Art. 1er.— Le dépôt que tout créateur de dessins ou modèles ou ses ayants cause peuvent faire au secrétariat du conseil de prud'hommes de leur domicile ou, à défaut, au greffe du tribunal de commerce ou du tribunal civil, en vue de bénéficier des avantages de la loi du 14 juillet 1909, est soumis aux dispositions ci-après.

Lorsque le dépôt est fait au secrétariat du conseil de prud'hommes du département de la Seine par application de l'article 5, paragraphe 2, de ladite loi, il est soumis aux mêmes dispositions.

ART. 2.— Le dépôt peut être effectué par un mandataire. Le mandat est dispensé de toute formalité de légalisation, de timbre et d'enregistrement ; il reste annexé à la déclaration prévue à l'article 3.

ART. 3.— Le dépôt doit être accompagné d'une déclaration écrite sur papier libre, signée du créateur du dessin ou modèle, de son ayant cause ou de son mandataire.

La déclaration indique(1):

1º Les nom, prénoms, profession et domicile du déposant et, le cas échéant, ceux du mandataire ;

2º Le nombre et la nature des objets déposés ;

3º Les numéros des objets auxquels serait annexée une légende explicative, conformément au paragraphe 4 de l'article 5 de la loi du 14 juillet 1909 ;

4º Les empreintes des cachets apposés par le déposant sur la boîte qui contient les dessins ou modèles.

ART. 4.— Les modèles peuvent être déposés soit en grandeur naturelle, soit en agrandissement ou réduction.

ART. 5.— Lorsque le dépôt est effectué sous la forme d'une représentation de l'objet, le déposant choisit à ses risques et périls, les moyens les plus propres à prévenir toute altération de ladite représentation et à en permettre la reproduction à l'aide de procédés photographiques.

A cet effet, les dessins ou les photographies de l'objet si le déposant a recours à l'un de ces modes de représentation, ne doivent pas être pliés ; ils sont mis à plat ou roulés dans la boîte qui les contient.

(1) Voir formule, page 42.

Le déposant a la faculté de subdiviser un même dessin en plusieurs parties repérées par des lignes de raccordement munies de lettres ou chiffres de référence.

Lorsque le déposant use de cette faculté, il fournit, sur un feuillet séparé, une figure d'ensemble où sont tracées les lignes de raccordement des figures partielles.

Les dimensions des dessins, photographies ou feuillets ne peuvent être inférieures de 8 centimètres de longueur sur 8 centimètres de largeur.

Au verso du dessin ou de la photographie, le déposant appose sa signature dans la partie supérieure gauche, et il inscrit, dans la partie supérieure droite, le numéro qu'il attribue à l'objet déposé, s'il s'agit d'un dépôt multiple.

ART. 6.— Quand le déposant juge nécessaire d'accompagner l'objet déposé d'une légende, celle-ci est écrite sur un feuillet séparé portant le même numéro que celui mentionné sur l'objet ; elle est signée du déposant.

ART. 7.— Les objets déposés sont renfermés dans une boîte rectangulaire en métal ou en bois.

Les dimensions extérieures de la boîte ne peuvent être supérieures à 50 centimètres de longueur, 50 centimètres de largeur et 25 centimètres de hauteur. Le poids total de la boîte, y compris son contenu, ne peut excéder 8 kilogrammes.

Sur l'une des faces de la boîte, le déposant inscrit ses nom, prénoms, profession et domicile, le nombre et la nature des objets déposés ainsi que le premier et le dernier des numéros qui leur ont été attribués ; il y appose sa signature.[1]

Le secrétaire ou le greffier inscrit sur la boîte la date, l'heure et le numéro d'ordre du dépôt et y appose son visa ainsi que le sceau du secrétariat ou du greffe.

La boîte est entourée d'une ficelle ou d'un fil de métal croisé sur le fond et sur le couvercle, maintenu par

(1) Voir modèle fac-similé, page 47.

deux cachets au moins. Ces cachets sont apposés sur la ligature, l'un par le déposant, l'autre par le secrétaire ou le greffier.

Le couvercle de la boîte doit être disposé de manière que celle-ci puisse être ouverte par l'office national de la propriété industrielle sans être détériorée.

ART. 8.— Le secrétaire ou le greffier ne reçoit le dépôt que si les formalités prescrites par les articles 2, 3, et par les paragraphes 1, 2, 3 et 5 de l'article 7 du présent décret ont été remplies.

ART. 9.— Le numéro d'ordre attribué au dépôt, la date et l'heure auxquelles il a été effectué sont inscrits sur la déclaration de dépôt.

Les déclarations de dépôt sont classées au secrétariat ou au greffe par ordre de date et de numéro.

Les noms des déposants sont reportés sur des fiches classées par ordre alphabétique. Toutefois, lorsque le nombre moyen annuel des dépôts sera inférieur à un chiffre fixé par un arrêté ministériel, les fiches pourront être remplacées par un répertoire alphabétique.

ART. 10.— Le registre prévu au paragraphe 3 de l'article 5 de la loi du 14 juillet 1909 est fourni par le secrétaire ou le greffier ; il doit être sur papier timbré. Il est coté et paraphé, par le président du conseil de prud'-hommes ou du tribunal de commerce.

La transcription de la déclaration sur le registre est certifiée conforme par le secrétaire ou le greffier.

Chaque année, au mois de décembre, le président du conseil de prud'hommes ou du tribunal se fait présenter le registre ; il en vérifie la tenue, s'assure que les prescriptions de la loi et du présent décret ont été suivies et en donne l'attestation au pied de la dernière transcription.

TITRE II

PUBLICITÉ DES DÉPÔTS

Art. 11.— La réquisition de publicité prévue au paragraphe 2 de l'article 6 de la loi du 14 juillet 1909 peut être faite, soit simultanément avec la déclaration de dépôt, soit postérieurement au cours de la période de vingt-cinq ans à partir de l'enregistrement du dépôt.

Elle est adressée au secrétaire du conseil de prud'hommes, au greffier du tribunal ou au directeur de l'office national de la propriété industrielle, suivant que la boîte est encore au secrétariat ou au greffe, ou qu'elle a déjà été transmise à l'office national, à la suite d'une réquisition de publicité antérieure ou d'une demande de prorogation de dépôt.

Elle est établie sur papier libre; elle indique les nom, prénoms, profession et domicile du déposant, le lieu, la date et le numéro d'ordre du dépôt, l'empreinte des cachets du déposant, le nombre et les numéros des objets pour lesquels la publicité est requise.

Elle est signée du créateur du dessin ou modèle, de son ayant cause ou de leur mandataire. Le mandat est dispensé de toute formalité de légalisation, de timbre et d'enregistrement. Il reste annexé à la réquisition de publicité.

Art. 12.— Lorsque la réquisition de publicité est adressée au secrétariat du conseil de prud'homme ou au greffe du tribunal, mention en est faite en marge de la transcription de la déclaration de dépôt.

La date et l'heure de sa réception sont inscrites sur la réquisition.

Art. 13.— La boîte renfermant le dépôt est transmise sans délai, avec la réquisition de publicité, accompagnée de la déclaration de dépôt, à l'office national qui en donne récépissé au secrétaire ou au greffier.

Lorsqu'il y a lieu de recourir à l'entremise de l'administration des postes, la boîte, la réquisition et la déclaration doivent être transmises par envoi recommandé.

Le montant des frais résultant de cette transmission doit être préalablement consigné par l'auteur de la réquisition entre les mains du secrétaire ou du greffier.

Art. 14.— Si le montant de la taxe prévue par le paragraphe 2 de l'article 8 de la loi du 14 juillet 1909 ne parvient pas au conservatoire national des arts et métiers dans un délai de deux jours, à dater de la réception de la réquisition de publicité et de la boîte par l'office national, ou si la somme reçue est inférieure à ladite taxe, avis en est donné à l'intéressé par lettre recommandée du directeur de l'office national.

Faute par l'intéressé d'avoir opéré l'intégralité du versement dans un délai de huitaine à dater de cet avis, la boîte est renvoyée au déposant, à ses frais. Il en est dûment avisé par lettre recommandée.

Le montant de la somme versée lui est également renvoyé, s'il y a lieu.

Art. 15. — Dès leur arrivée à l'office national, la réquisition de publicité et la boîte sont enregistrées sous un même numéro d'ordre.

La réquisition de publicité est transcrite sur un registre, sur papier libre, tenu par l'office national.

Les noms des auteurs des réquisitions de publicité sont reportés sur des fiches classées par ordre alphabétique.

Lorsque la boîte aura été renvoyée au déposant, par application de l'article 14 du présent règlement, il en sera fait mention en marge de la transcription de la réquisition de publicité.

Art. 16.— Si, lors de l'arrivée de la boîte à l'office national de la propriété industrielle, le directeur de ce service conteste l'identité de la boîte avec celle qui a fait l'objet de la déclaration de dépôt transmise, ou s'il constate que les conditions imposées par les paragraphes 4 et 5 de l'article 7 du présent décret pour assurer la conservation du dépôt ne sont plus remplies, il en est dressé procès-verbal.

La boîte est mise sous scellés et placée provisoirement dans les archives de l'office national où elle est tenue à la disposition du signataire de la réquisition de publicité.

Avis en est donné sans délai, par lettre recommandée, au secrétariat ou au greffe, ainsi qu'au signataire de la réquisition de publicité.

ART. 17. — Lorsqu'aucune contestation n'est élevée au sujet de la régularité du dépôt, la boîte est ouverte en présence du directeur ou de son délégué, assisté de deux fonctionnaires de l'office national.

L'intéressé, s'il a exprimé le désir d'assister à l'ouverture de la boîte, devra être préalablement avisé du jour et de l'heure auxquels il doit être procédé à cette opération.

ART. 18. — Lorsqu'après ouverture de la boîte, il est constaté que les formalités prescrites à peine de nullité par le paragraphe 4 de l'article 5 de la loi du 14 juillet 1909 n'ont pas été remplies, il en est dressé procès-verbal.

La boîte, à nouveau close, est mise sous scellés et placée provisoirement dans les archives de l'office national, où elle est tenue à la disposition du signataire de la réquisition de publicité.

Avis en est donné sans délai, par lettre recommandée, au signataire de la réquisition de publicité.

ART. 19. — Après qu'il a été constaté que les formalités mentionnées aux articles 16 et 18 du présent réglement ont été observées, les deux exemplaires de chacun des objets dont la publicité est requise sont extraits de la boîte. L'un de ces exemplaires est photographié ; les exemplaires photographiés sont ensuite replacés, sous enveloppe scellée, dans la boîte, avec les objets pour lesquels la publicité n'a pas été demandée, réunis eux-mêmes sous une autre enveloppe scellée.

Sont remis dans la même boîte les exemplaires destinés à être communiqués, conformément aux dispositions du paragraphe 4 de l'article 6 de la loi du 14 juillet 1909.

La boîte est de nouveau close, scellée et revêtue du sceau de l'office national pour être conservée dans les archives.

Il est dressé procès-verbal des opérations prévues au présent article.

ART. 20. — Les épreuves mises à la disposition du public à l'office national, conformément aux prescriptions du paragraphe 6 de l'article 6 de la loi du 14 juillet 1909, sont collés sur des registres spéciaux.

Chaque épreuve porte en tête l'indication du lieu et de la date du dépôt au secrétariat du conseil de prud'-hommes ou au greffe du tribunal, les nom, prénoms, profession et domicile du déposant, le numéro d'ordre attribué au dépôt lors de son arrivée à l'office national, la date à partir de laquelle l'épreuve a été mise à la disposition du public. .

Elle est accompagnée, le cas échéant, de la légende prévue au paragraphe 4 de l'article 5 de la loi du 14 juillet 1909.

La communication au public des registres ci-dessus prévue est gratuite. Elle a lieu, ainsi que celle de l'exemplaire conservée dans les archives, sous la surveillance d'un agent de l'office national.

Les exemplaires et les épreuves ne peuvent être ni copiés, ni photographiés, ni reproduits d'une façon quelconque.

ART. 21. — Les demandes tendant à obtenir la délivrance d'une épreuve photographique, par application du paragraphe final de l'article 6 de la loi du 14 juillet 1909, sont adressées par écrit, sur papier libre, au directeur de l'office national. Elles doivent être accompagnées de la justification des titres du demandeur à la délivrance et du versement d'une taxe de 10 fr. par épreuve.

ART. 22. — La liste des objets, dont la publicité a été requise, est publiée dans le *Bulletin officiel de la propriété industrielle et commerciale.*

Des répertoires annuels, établis par les soins de l'office national et indiquant par ordre alphabétique les noms des déposants dont les dessins et modèles ont été publiés, sont communiqués gratuitement au public.

TITRE III

PROROGATION DE LA DURÉE DES DÉPÔTS

ART. 23. — La réquisition tendant au maintien du dépôt, par application des paragraphes 3 et 5 de l'article 7 de la loi du 14 juillet 1909, est établie sur papier libre.

Elle est adressée au secrétariat du conseil de prud'hommes ou au greffe du tribunal, à moins que la boîte n'ait été déjà transmise à l'office national, auquel cas elle est adressée à l'office national.

Elle doit parvenir, avant l'expiration des périodes de cinq et de vingt-cinq ans fixées dans les paragraphes sus-mentionnés, au secrétariat du conseil de prud'hommes, au greffe du tribunal ou à l'office national, qui en accusent réception.

ART. 24. — La réquisition indique les nom, prénoms, profession et domicile du déposant et, s'il y a lieu, de son mandataire, le lieu, la date et le numéro d'ordre du dépôt, l'empreinte des cachets du déposant et, le cas échéant, la date des réquisitions antérieures de publicité partielles ou de prorogation.

Est applicable à la réquisition de prorogation le paragraphe final de l'article 11.

ART. 25. — Lorsqu'il s'agit de la réquisition de prorogation formée avant l'expiration de la première période de cinq ans, la réquisition indique, en outre, le nombre, la nature et les numéros : 1º des objets dont le maintien du dépôt sous la forme secrète est requis ; 2º de ceux à restituer au déposant ; 3º de ceux pour lesquels la publicité est demandée.

Si le déposant requiert la prorogation du dépôt sous la forme secrète pour tous les objets que comporte le dépôt, la boîte est classée sans être ouverte dans les archives de l'office national.

Si le déposant ne requiert la prorogation du dépôt sous la forme secrète que pour une partie des objets, il est procédé à l'ouverture de la boîte. Les objets pour lesquels la prorogation du dépôt sous la forme secrète est requise sont mis sous enveloppe scellée dans la boîte ; ceux dont la restitution est demandée sont remis au signataire de la réquisition conformément à l'article 29 du présent règlement ; il est procédé à l'égard des autres objets suivant les prescriptions de l'article 19.

Il est dressé procès-verbal des opérations prévues au présent article.

ART. 26. — Les dispositions des articles 12 à 18 du présent règlement sont applicables aux réquisitions de prorogation.

TITRE IV

RESTITUTION DES DÉPÔTS

ART. 27. — Le déposant ou ses ayants cause qui, au cours ou avant l'expiration de la période des cinq premières années, veulent obtenir la restitution totale ou partielle d'un dépôt, adressent une demande sur papier libre au secrétaire du conseil de prud'hommes, au greffier du tribunal ou au directeur de l'office national, suivant que la boîte est au secrétariat ou au greffe ou a été transmise à l'office national.[1]

Lorsque la demande est formée par un ayant cause, elle doit être appuyée de la justification du droit qu'il a de réclamer cette restitution, au lieu et place du titulaire du dépôt.

ART. 28. — La demande contient les indications prescrites par les articles 24 et 25, paragraphe 1, et elle est soumise aux formalités des articles 12 et 15 du présent règlement.

ART. 29. — Si le déposant demande la restitution de la totalité des objets déposés, la boîte lui est remise par le secrétaire ou le greffier dans le cas où elle n'a pas été transmise à l'office national ; il en donne décharge en marge de la transcription de la déclaration du dépôt.

Dans le cas où la boîte a été déjà transmise à l'office national en vue d'une publicité partielle, elle est renvoyée directement par l'office au déposant, aux frais de ce dernier.

Si le déposant demande la restitution d'une partie des objets déposés, ceux-ci sont extraits de la boîte à l'office national et renvoyés directement au déposant à ses frais : mais si la boîte est encore au secrétariat ou au greffe, elle est transmise à l'office national et il est procédé dans ce dernier cas, comme dans le premier, suivant les prescriptions des paragraphes 3 et 4 de l'article 25.

TITRE V

COMMUNICATION DES DÉPÔTS AUX TRIBUNAUX

ART. 30. — Lorsque la juridiction saisie d'un litige demande la communication d'un exemplaire d'un dessin ou d'un modèle préalablement publié par l'office natio-

(1) Voir formule, page 46.

nal, le procureur de la République ou le procureur général, suivant le cas, et si la juridiction saisie est un tribunal de commerce, le président de ce tribunal, adresse une réquisition écrite au directeur de l'office national aux fins d'envoi de l'exemplaire au greffe de ladite juridiction.

ART. 31. — Le directeur de l'office national joint à l'exemplaire qui est envoyé au greffe sous enveloppe scellée, un certificat indiquant la date du dépôt, celle de sa réception à l'office national et celle de la publicité du dessin ou modèle.

ART. 32. — Chaque fois qu'il est procédé à un examen de l'exemplaire communiqué, l'ouverture ou la fermeture de l'enveloppe scellée est faite en audience ou en chambre du conseil. Le greffier en dresse procès-verbal.

Lorsque la communication de l'exemplaire du dessin ou du modèle a cessé d'être utile, ledit exemplaire est placé par le greffier dans une enveloppe revêtue du sceau du tribunal ou de la cour et cette enveloppe est réexpédiée sans délai au directeur de l'office national avec un extrait du procès-verbal.

ART. 33. — Le directeur de l'office national en donne récépissé au greffe, après avoir vérifié l'identité de l'exemplaire restitué avec celui classé dans les archives de l'office national. Il est dressé de cette vérification un procès-verbal dont un extrait est annexé à l'exemplaire remis dans la boîte à nouveau close et scellée.

ART. 34. — Lorsque la juridiction saisie autorise les experts à prendre communication de l'exemplaire du dessin ou modèle à l'office national, ceux-ci adressent au directeur de cet établissement une demande accompagnée d'une expédition de la décision par laquelle ils ont été désignés.

Le directeur fait connaître aux experts, en leur retournant cette expédition, le jour et l'heure où cette communication leur sera faite. A la date fixée, la boite est ouverte dans les formes prescrites par l'article 17, et l'exemplaire visé dans la décision de la juridiction est mis sur place sous les yeux des experts.

L'examen terminé, il est dressé procès-verbal et l'objet est replacé dans la boîte qui est à nouveau scellée et classée dans les archives de l'office national.

TITRE VI

DISPOSITIONS TRANSITOIRES ET DISPOSITIONS GÉNÉRALES

ART. 35. — Les dépôts visés à l'article 14 de la loi du 14 juillet 1909 sont soumis aux dispositions des titres II et IV du présent règlement relatives à la publicité et à la restitution des dépôts.

Ceux de ces dépôts qui ont été faits pour une durée de cinq ans sont soumis aux dispositions du titre III du présent règlement, relatives à la prorogation des dépôts.

ART. 36. — Les dispositions de l'article 9 de la loi du 14 juillet 1909, relatives à la remise des objets aux établissements désignés par décret sont applicables à tous les dépôts visés par l'article 14 de ladite loi, au moment de l'expiration des divers délais pour lesquels ils ont été faits ou prorogés.

ART. 37. — Les taxes prévues par l'article 8 de la loi du 14 juillet 1909, pour la publicité et la prorogation des dépôts, sont applicables pour la publicité et la prorogation des dépôts visés à l'article 14 de ladite loi.

Elles sont perçues par le conservatoire national des arts et métiers, pour le service de l'office national de la propriété industrielle.

ART. 38. — Le ministre du commerce et de l'industrie et le garde des sceaux, ministre de la justice, sont chargés, chacun en ce qui le concerne, de l'exécution du présent décret, qui sera publié au *Journal officiel* de la République française et inséré au *Bulletin des lois*.

Fait à Paris, le 26 juin 1911.

A. FALLIÈRES

Par le Président de la République :

Le ministre du commerce et de l'industrie,

A. MASSÉ

Le garde des sceaux, ministre de la justice,

A. PERRIER

Le ministre du commerce et de l'industrie,

A M. le président du conseil de prud'hommes de......

A M. le président du tribunal de commerce de.. .....

Paris, le 10 juillet 1911.

Vous avez reçu, le 12 janvier 1910, des instructions provisoires en vue de l'exécution de la loi du 14 juillet 1909, qui devait entrer en vigueur le 19 janvier 1910. L'envoi d'instructions définitives était subordonné à l'élaboration du règlement d'administration publique prévu par l'article 15 de la loi. Ce règlement qui porte la date du 26 juin 1911 venant d'être publié, je crois devoir vous signaler celles de ses dispositions qui concernent plus particulièrement les secrétaires des conseils de prud'hommes et les greffiers des tribunaux de commerce, en vous priant de prendre les mesures nécessaires pour en assurer l'exécution.

Vous connaissez la loi du 14 juillet 1909 ; je me bornerai à en rappeler en quelques mots l'économie.

L'article 1er dispose que tout créateur d'un dessin ou modèle et ses ayants cause ont le droit exclusif d'exploiter, vendre ou faire vendre ce dessin ou modèle, dans les conditions qui y sont prévues, sans préjudice des droits qu'ils tiendraient d'autres dispositions légales et, notamment, de la loi des 19-24 juillet 1793, modifiée par la loi du 11 mars 1902.

La loi proclame ainsi le droit qui appartient au créateur d'un dessin ou d'un modèle de l'exploiter, sans qu'il ait besoin de se le réserver par une manifestation publique de sa volonté.

L'article 3 lui confère expressément un droit de propriété.

La loi lui donne, en outre, la possibilité de cumuler le bénéfice de la loi nouvelle avec les garanties de la loi de 1793 (lorsque la propriété du dessin ou modèle peut être garantie par ladite loi), de se placer, suivant les cas, sous la protection de l'une ou de l'autre de ces deux lois, de faire ou de ne pas faire par conséquent, de dépôt, comme de le faire à son heure et à sa convenance.

Mais les dessins ou modèles régulièrement déposés jouissent seuls du bénéfice de la règlementation nouvelle.

Le premier déposant d'un dessin ou d'un modèle est, d'ailleurs, présumé en être le créateur, jusqu'à preuve contraire.

Enfin la publicité donnée à un dessin ou modèle, antérieurement à son dépôt n'entraîne la déchéance, ni de la propriété, ni de la protection spéciale accordée par la loi.

Il y a une autre modification dont il n'est pas inutile de signaler l'importance : sous le régime de la la loi du 18 mars 1806, il n'y avait que les « fabricants » qui pussent déposer des dessins ou modèles au secrétariat des conseils des prud'hommes. La loi du 14 juillet 1909 ne fait aucune réserve semblable. Dans le titre, le législateur n'a pas fait suivre les mots « dessins ou modèles » du mot « de fabrique ». Il est, par suite, indifférent que l'auteur d'un dessin ou modèle soit un artiste ou un simple artisan, un amateur ou un professionnel, un fabricant ou une personne étrangère à l'industrie.

Je signalerai, en passant, l'article 2 de la loi qui, dans son premier paragraphe, donne une définition du dessin ou modèle et qui, dans son second paragraphe expose qu'un changement de forme peut engendrer parfois, un progrès, un résultat industriel susceptible de faire entrer l'invention dans le domaine spécial de la loi du 5 juillet 1844 sur les brevets d'invention. Je n'ai pas besoin d'ajouter que ce sont là des questions d'appréciation qui échappent à la compétence des secrétaires des conseils de prud'hommes chargés seulement par la loi de recevoir, sous enveloppe close et scellée, les dessins ou modèles qui sont régulièrement déposés.

Sans m'arrêter à l'article 4 qui ne rentre pas non plus dans les attributions de MM. les secrétaires, je passe à l'article 5 relatif aux formalités du dépôt.

TITRE Ier

FORMALITÉS DU DÉPÔT

Comme on vient de le voir, le dépôt est surtout, pour l'auteur, un moyen de prouver sa priorité de création, de constituer, pour ainsi dire, à son œuvre un acte de naissance ayant date certaine.

Aux termes de l'article 5, les dépôts de dessins ou modèles doivent être effectués au secrétariat du conseil de prud'hommes ou, à défaut du conseil de prud'hommes, au greffe du tribunal de commerce du domicile du déposant (suivant la règle, en l'absence de tribunal de commerce, c'est le tribunal civil qui en remplit les fonctions).

Il résulte de ce qui précède que, à la différence de ce qui avait lieu sous le régime de la loi du 18 mars 1806, c'est au conseil de prud'hommes du domicile du déposant (et non plus au siège de la fabrique) que le dépôt doit être effectué. Cette prescription est édictée à peine de nullité. L'auteur d'un dessin ou modèle, qui le déposerait au secrétariat d'un conseil de prud'hommes autre que celui dans la circonscription duquel il est domicilié, serait donc exposé à voir son dépôt argué de nullité.

Un greffier du tribunal de commerce ou, à défaut le greffier du tribunal civil, ne peut recevoir un dépôt de dessins ou modèles qu'à défaut d'un conseil de prud'hommes. Par conséquent, s'il existe dans une même commune un conseil de prud'hommes et un tribunal de commerce dont la juridiction s'étend sur les mêmes divisions administratives, c'est le conseil de prud'hommes seul qui reçoit les dépôts, à l'exclusion du tribunal de commerce.

Si, tout en ayant leur siège dans la même ville, un conseil et un tribunal ont des ressorts différents, par exemple, pour citer le cas le plus fréquent, si la circonscription du conseil est moins étendue que celle du tribunal, le secrétaire recevra les dépôts effectués par ceux qui sont domiciliés dans la ville où le conseil est situé et dans les autres communes qui peuvent être comprises dans la circonscription. Quant à ceux qui sont domiciliés en dehors de cette circonscription restreinte, mais dans le ressort plus étendu du tribunal, ils feront leurs dépôts au greffe du tribunal.

L'expérience démontre que ces distinctions ne sont pas toujours observées. Etant donné que la loi frappe de nullité les dépôts qui ne seraient pas effectués conformément à ces prescriptions, je ne saurais trop insister auprès de MM. les secrétaires et greffiers pour qu'ils aient toujours entre les mains la liste des communes englobées dans leurs ressorts respectifs, pour éviter d'être exposés à recevoir des dépôts à l'irrégularité desquels la loi attache une sanction si sévère. Il est bien entendu qu'ils n'auraient pas le droit de refuser un dépôt que l'intéressé persisterait à vouloir faire malgré l'avis préalable du secrétaire ou du greffier.

Dans ce cas le déposant devrait être invité à indiquer, dans sa déclaration de dépôt, sa volonté de passer outre. En tout état de cause, mention en serait faite sur le registre du secrétariat ou du greffe.

Aux termes du même article 5, lorsque le domicile du déposant est situé hors de France le dépôt est effectué, encore sous peine de nullité, au secrétariat du conseil de prud'hommes de la Seine.

D'après le paragraphe 4 de l'article 5, le dépôt comporte sous peine de nullité, deux exemplaires identiques d'un spécimen ou d'une représentation de l'objet revendiqué avec légende explicative, si le déposant le juge nécessaire, le tout contenu dans une boîte hermétiquement fermée et sur laquelle sont apposés le cachet et la signature du déposant, ainsi que le sceau et le visa du secrétaire ou du greffier, de telle sorte qu'on ne puisse l'ouvrir sans faire disparaître ces certifications.

Ces formalités étant édictées à peine de nullité, si un dépôt n'avait pas été fait dans les conditions susvisées le déposant ne pourrait pas exercer les poursuites spécialement autorisées par la loi, ni invoquer la présomption de priorité de création prévue au paragraphe 2 de l'article 3. Ce sont donc là des dispositions que les intéressés ne devront pas perdre de vue.

Enfin, le dernier paragraphe de l'article 5 porte que le même dépôt peut comprendre, en double exemplaire de 1 à 100 dessins ou modèles, qui doivent être numérotés du premier au dernier. Les dessins ou modèles non numérotés ou portant des numéros répétés ou au delà de 100, ne seront pas considérés comme valablement déposés au regard de la loi.

D'après le projet de règlement d'administration publique dont vous trouverez le texte ci-avant, le dépôt effectué, par application de l'article 5 précité, sera soumis aux dispositions suivantes :

Le dépôt doit être effectué par le créateur du dessin ou modèle, par son ayant cause ou leur mandataire. Le mandat est dispensé de toute formalité de légalisation, de timbre et d'enregistrement, il reste annexé à la déclaration prévue à l'article 3.

Le dépôt doit être accompagné d'une déclaration écrite sur papier libre, signée, comme il est dit ci-dessus, du créateur du dessin ou modèle, de son ayant cause ou de son mandataire.

La déclaration indique :

1º Les nom, prénoms, profession et domicile du déposant et, le cas échéant, ceux du mandataire ;

2º Le nombre et la nature des objets déposés ;

3º Les numéros des objets auxquels serait annexée une légende explicative, conformément au paragraphe 4 de l'article 5 de la loi du 14 juillet 1909 ;

4º Les empreintes des cachets apposés par le déposant sur la boîte qui contient les dessins ou modèles.

Vous trouverez un modèle de déclaration annexé à la présente circulaire.[1]

Les modèles peuvent être déposés, soit en grandeur naturelle, soit en agrandissement ou en réduction.

Lorsque le dépôt est effectué sous la forme d'une représentation de l'objet, le déposant choisit, à ses risques et périls, les moyens les plus propres à prévenir toute altération de ladite représentation. Elle doit être autant que possible, tracée à l'encre, en traits réguliers et parfaitement noirs, sur papier bristol ou autre papier blanc fort et lisse, permettant la reproduction à l'aide de procédés photographiques.

Les dessins ou les photographies de l'objet, si le déposant a recours à l'un de ces modes de représentation, ne doivent pas être pliés ils sont mis à plat ou roulés dans la boîte qui les contient.

Le déposant a la faculté de subdiviser un même dessin en plusieurs parties repérées par des lignes de raccordement munies de lettres ou chiffres de référence.

(1) Voir formule, page 42.

Lorsque le déposant use de cette faculté, il fournit, sur un feuillet séparé, une figure d'ensemble où sont tracées les lignes de raccordement des figures partielles.

Les dimensions des dessins, photographies ou feuillets ne peuvent être inférieures à 8 centimètres de longueur sur 8 centimètres de largeur. Elles ne devront pas dépasser 48 centimètres de largeur et 48 centimètres de longueur.

Au verso du dessin ou de la photographie, le déposant appose sa signature dans la partie supérieure gauche, et il inscrit, dans la partie supérieure droite, le numéro qu'il attribue à l'objet déposé, s'il s'agit d'un dépôt multiple.

Si c'est un modèle qui est déposé, il y est apposé une étiquette portant les mêmes mentions.

Quand le déposant juge nécessaire d'accompagner l'objet déposé d'une légende, celle-ci est écrite sur un feuillet séparé portant le même numéro que celui mentionné sur l'objet ; elle est signée du déposant et établie en double exemplaire. Si une légende s'applique à plusieurs dessins ou modèles, elle doit être fournie en autant d'expéditions qu'il y a d'objets.

Les objets déposés sont renfermés dans une boîte rectangulaire en métal ou en bois.

Les dimensions extérieures de la boîte ne peuvent être supérieure à 50 centimètres de longueur, 50 centimètres de largeur et 25 centimètres de hauteur ni être inférieures à 9 centimètres de longueur, 7 centimètres de largeur et 5 centimètres de hauteur. Le poids total de la boîte, y compris son contenu, ne peut excéder 8 kilogrammes.

Sur l'une des faces de la boîte le déposant inscrit ses nom, prénoms, profession et domicile, le nombre et la nature des objets déposés ainsi que le premier et le dernier des numéros qui leur ont été attribués : il y appose sa signature.

Le secrétaire ou le greffier inscrit sur la boîte la date, l'heure et le numéro d'ordre du dépôt et y appose son visa, ainsi que le sceau du secrétariat ou du greffe.

La boîte est entourée d'une ficelle ou d'un fil de métal croisé sur le fond et sur le couvercle, maintenu par deux cachets au moins. Ces cachets sont apposés sur la ligature, l'un par le déposant, avec son cachet personnel, l'autre par le secrétaire ou le greffier, de façon que chacun d'eux couvre les deux extrémités libres du fil après ligature. Ce mode de procéder semble de nature à garantir d'une part, les intérêts du déposant et de l'autre la responsabilité du secrétaire ou du greffier.

Le couvercle de la boîte doit être disposé de manière que celle-ci puisse être ouverte par l'office national de la propriété industrielle sans être détériorée.

L'usage des couvercles à charnières ou à coulisses devra être particulièrement recommandé.

Au moment du dépôt, le déposant doit verser au secrétariat du conseil de prud'hommes ou au greffe du tribunal de commerce, conformément à l'article 8 de la loi, une indemnité de 3 fr. 95 par dépôt plus 5 centimes par objet déposé.

La somme précitée de........ .... 3 95
se décompose comme suit :

Allocation au greffier prévue par l'article 58 de la loi du 27 mars 1907..................... 1 »

Timbre du registre prévu par l'article 5 de la loi...., ... 0 60

Timbre du certificat prévu par le même article................................ 0 60

Ensemble 2 20   2 20

Reliquat 1 75

Il sera statué ultérieurement par une loi, en ce qui touche l'attribution de ce reliquat.

Quant à la taxe de 5 centimes par objet déposé, elle sera reversée à la recette municipale.

Le secrétaire ou le greffier ne reçoit le dépôt que si les formalités prescrites par les articles 2 et 3 et par les paragraphes 1, 2, 3 et 5 de l'article 7 du décret ont été remplies.

Le numéro d'ordre attribué au dépôt, par le secrétaire ou le greffier, la date et l'heure auxquelles il a été effectué sont inscrits sur la déclaration de dépôt.[1]

Les déclarations de dépôt sont classées au secrétariat ou au greffe par ordre de date et de numéro.

Les noms des déposants sont reportés sur des fiches classées par ordre alphabétique. Toutefois, lorsque le nombre moyen annuel des dépôts sera inférieur à un chiffre fixé par un arrêté ministériel, les chiffres pourront être remplacés par un répertoire alphabétique.

Un certificat indiquant les nom, prénoms, profession et domicile du déposant ainsi que l'heure, la date et l'objet du dépôt et le numéro d'ordre qu'il a reçu est délivré au déposant sur papier timbré à 60 centimes, dispensé comme précédemment, de l'enregistrement.

Le registre prévu au paragraphe 3 de l'article 5 de la loi du 14 juillet 1909 est fourni par le secrétaire ou le greffier ; il doit être établi sur papier timbré à 1 fr. 80 (décimes compris) chaque feuille devant contenir, conformément à l'article 4 du décret du 8 décembre 1862, quarante lignes à la page et vingt-cinq syllabes à la ligne.

A titre transitoire, les registres actuels seront utilisés jusqu'à ce qu'ils soient remplis.

Suivant la règle précédemment suivie, le registre est dispensé de l'enregistrement.

Il est coté et paraphé, suivant les cas, par le président du conseil de prud'hommes ou par le président du tribunal de commerce.

La transcription de la déclaration sur le registre est faite et certifiée conforme par le secrétaire ou le greffier.

(1) Voir modèle fac-similé, page 47.

Chaque année, au mois de décembre, le président du conseil de prud'hommes ou du tribunal se fait présenter le registre ; il en vérifie la tenue, s'assure que les prescriptions de la loi et du décret ont été suivies et en donne l'attestation au pied de la dernière transcription.

TITRE II

PUBLICITÉ DES DÉPÔTS

Le déposant ou ses ayants cause peuvent toujours, dès le début, comme au cours de la susdite période, requérir la publicité du dépôt, soit à l'égard de tous les objets compris dans la boîte, soit seulement à l'égard de l'un ou de plusieurs d'entre eux.

Si des faits de contrefaçon viennent à se produire postérieurement à cette publicité, l'auteur est présumé de mauvaise foi jusqu'à preuve contraire.

Le déposant ou ses ayants droit, lorsqu'ils veulent opposer le dépôt aux tiers, doivent requérir la publicité au regard des objets, au sujet desquels ils entendent engager une instance judiciaire.

La réquisition de publicité prévue au paragraphe 2 de l'article 6 de la loi du 14 juillet 1909 peut être faite, soit simultanément avec la déclaration de dépôt, soit postérieurement au cours de la période de vingt-cinq ans à partir de l'enregistrement du dépôt.

Elle est adressée au secrétaire du conseil de prud'-hommes, au greffier du tribunal ou au directeur de l'office national de la propriété industrielle suivant que la boîte est encore au secrétariat ou au greffe, ou qu'elle a déjà été transmise à l'office national, à la suite d'une réquisition de publicité antérieure ou d'une demande de prorogation du dépôt.

Elle est établie sur papier libre ; elle indique les nom, prénoms. profession et domicile du déposant, le lieu, la date, l'objet et le numéro d'ordre du dépôt, l'empreinte des cachets du déposant, le nombre et les numéros des objets pour lesquels la publicité est requise.

Elle est signée du créateur du dessin ou modèle, de son ayant cause ou de leur mandataire. Le mandat est dispensé de toute formalité de légalisation, de timbre et d'enregistrement. Il reste annexé à la réquisition de publicité.

Une réquisition de publicité ne peut s'appliquer qu'à des dessins ou modèles compris dans un même dépôt.

Lorsque la réquisition de publicité est adressée au secrétariat du conseil de prud'hommes ou au greffe du tribunal, mention en est faite en marge de la transcription de la déclaration de dépôt.

La date et l'heure de sa réception sont inscrits sur la réquisition.

La boîte renfermant le dépôt est transmise immédiatement avec la réquisition de publicité, accompagnée de la déclaration de dépôt et de la procuration s'il y a lieu, à l'office national, qui en donne récepissé au secrétaire ou au greffier.

Un secrétaire ou un greffier assumerait une lourde responsabilité si, par suite d'un retard provenant de son fait, un déposant ne pouvait exercer les poursuites prévues au paragraphe 3 de l'article 11 de la loi ou si une saisie pratiquée par ce dernier se trouvait nulle de plein droit par application du paragraphe 4 de l'article 12.

Lorsqu'il y a lieu de recourir à l'entremise de l'administration des postes, la boîte, la réquisition et la déclaration doivent être transmises par envoi recommandé.

Le montant des frais résultant de cette transmission doit être préalablement consigné par l'auteur de la réquisition, entre les mains du secrétaire ou du greffier.

Le montant de la taxe visée au paragraphe 2 de l'article 8 de la loi (30 fr. pour chacun des objets dont la publicité est requise), plus 25 centimes pour le timbre est immédiatement envoyé par la poste ou versé par le demandeur au conservatoire national des arts et métiers (office national de la propriété industrielle).

TITRE III

PROROGATION DE LA DURÉE DES DÉPÔTS

La durée totale de la protection accordée par la loi au dessin ou modèle déposé est, sous la réserve et les conditions ci-après indiquées, de cinquante ans à partir de la date du dépôt.

La boîte déposée peut rester au secrétariat ou au greffe pendant une période de cinq années au maximum. Aussi longtemps qu'elle y est laissée, le dépôt des objets qu'elle renferme demeure secret.

Si le déposant veut maintenir son dépôt, soit au regard de tous les objets contenus dans la boîte, soit seulement au regard de l'un ou de plusieurs d'entre eux, il doit, avant l'expiration des cinq premières années, requérir le maintien de ce dépôt sous la forme secrète, pour chacun desdits objets.

La réquisition tendant au maintien du dépôt par application des paragraphes 3 et 5 de l'article 7 de la loi du 14 juillet 1909 est établie sur papier libre.

Elle est adressée au secrétariat du conseil de prud'-hommes ou au greffe du tribunal, à moins que la boîte n'ait été déjà transmise à l'office national, auquel cas elle est adressée à l'office national accompagnée, s'il y lieu, du pouvoir du mandataire.

Elle doit parvenir avant l'expiration des périodes de cinq et de vingt-cinq ans fixées dans les paragraphes susmentionnés, au secrétariat du conseil de prud'hommes, au greffe ou à l'office national qui en accuse réception.

La réquisition doit indiquer les nom, prénoms, profession et domicile du déposant et, s'il y a lieu, de son mandataire, le lieu, la date, l'objet et le numéro d'ordre du dépôt, l'empreinte des cachets du déposant, et, le cas échéant, la date des réquisitions antérieures de publicité partielle ou de prorogation.[1]

Lorsqu'il s'agit de la réquisition de prorogation formée avant l'expiration de la première période de cinq ans, la réquisition indique, en outre, le nombre, la nature et les numéros : 1º des objets dont le maintien du dépôt sous la forme secrète est requis ; 2º de ceux à restituer au déposant ; 3º de ceux pour lesquels la publicité est demandée, s'il y a lieu.

Le montant de la taxe visée au paragraphe 2 de l'article 8 de la loi (5 fr. par chacun des objets dont la prorogation est requise) est immédiatement envoyé par la poste ou versé par le demandeur au conservatoire national des arts et métiers (office national de la propriété industrielle).

Les dispositions des articles 12 à 18 du règlement sont applicables aux réquisitions de prorogation.

Le dépôt ainsi maintenu à l'office national, soit avec publicité, soit à couvert, prend fin vingt-cinq ans après la date de son enregistrement au secrétariat ou au greffe si, avant l'expiration dudit délai le déposant n'en a pas demandé la prorogation pour une nouvelle période de vingt-cinq ans.

TITRE IV

RESTITUTION DES DÉPÔTS

Au cours et avant l'expiration de la première période de cinq ans, la boîte renfermant sous scellés les objets pour le dépôt desquels la publicité ou la prorogation prévue par la loi n'a pas été requise est restituée au déposant sur sa demande.

Le déposant ou ses ayants cause qui veulent obtenir la restitution totale ou partielle d'un dépôt adressent

(1) Voir formule, page 45.

une demande sur papier libre au secrétaire du conseil de prud'hommes, au greffier du tribunal ou au directeur de l'office national, suivant que la boîte est au secrétariat ou au greffe ou a été transmise à l'office national, à la suite d'une réquisition de publicité partielle. A cette réquisition est annexée, s'il y a lieu, le pouvoir du mandataire.

Lorsque la demande est formée par un ayant cause, elle doit être appuyée de la justification du droit qu'il a de réclamer cette restitution, aux lieu et place du titulaire du dépôt.

La demande doit contenir les indications prescrites par les articles 24 et 25, paragraphe 1er, et elle est soumise aux formalités des articles 12 et 15 du règlement[1].

Si le déposant demande la restitution de la totalité des objets déposés, la boîte lui est remise par le secrétaire ou le greffier dans le cas où elle n'a pas été transmise à l'office national : il en donne décharge en marge de la transcription de la déclaration du dépôt.

Dans le cas où la boîte a déjà été transmise à l'office national en vue d'une publicité partielle, elle est renvoyée directement par l'office au déposant aux frais de ce dernier.

Si le déposant demande la restitution d'une partie des objets déposés, ceux-ci sont extraits de la boîte, à l'office national de la propriété industrielle et renvoyés directement au déposant, à ses frais. Dans le cas où la boîte est encore au secrétariat ou au greffe, elle est envoyée à l'office national. Il est procédé, dans les deux cas, dans les formes prévues à l'article 25.

TITRE V

COMMUNICATION DES DÉPÔTS AUX TRIBUNAUX

Aux termes du paragraphe 3 de l'article 11 de la loi aucune action pénale ou civile ne peut être intentée avant que le dessin ou modèle ait été rendu public.

[1] Voir formule, page 46.

La publication étant faite par les soins de l'office national de la propriété industrielle, l'objet du litige se trouve nécessairement dans les archives de ce service, quand il a reçu la publicité prescrite par la loi.

Lors donc que la juridiction saisie demande la communication d'un dessin ou d'un modèle, c'est à l'office national que le parquet ou le président du tribunal de commerce, suivant le cas, doit adresser sa réquisition.

Les instructions contenues dans la circulaire du garde des sceaux en date du 20 mai 1908 sont donc abrogées. Si vous étiez saisi d'une réquisition directe, vous auriez à en référer à l'administration.

CONSERVATION DES DESSINS ET MODÈLES APRÈS L'EXPIRATION DE LA DURÉE ASSIGNÉE A LA PROTECTION

Ceux des objets déposés, pour lesquels la publicité ou la prorogation n'aura pas été requise à l'expiration de la première période de cinq ans et qui n'auront pas été réclamés dans les conditions prescrites au titre IV seront transmis par le secrétaire du conseil ou par le greffier du tribunal, conformément à l'article 9 de la loi, aux établissements désignés à cet effet ; ces dispositions ne recevront leur application qu'après que le décret prévu par l'article 9 de la loi aura été rendu. Jusque là les dessins et modèles seront conservés comme par le passé, au secrétariat ou au greffe ou dans les locaux ou établissements où ils étaient antérieurement déposés.

DÉPÔTS EFFECTUÉS SOUS LE RÉGIME DE LA LOI DU 18 MARS 1806

Les dépôts faits pour cinq ans sous le régime de la loi du 18 mars 1806 dont la durée ne sera pas expirée et qui seront encore au secrétariat des conseils de prud'hommes ou au greffe des tribunaux de commerce seront restitués aux propriétaires sur leur demande.

Les titulaires de ces dépôts devront faire connaître, avant l'échéance du délai de protection et au plus tard, le jour anniversaire du dépôt, s'ils sont dans l'intention dans demander la prorogation, avec ou sans publicité ou la restitution.

Les taxes prévues par l'article 8 de la loi du 14 juillet 1909 (30 fr. pour la publicité, 5 fr. pour la prorogation) sont applicables aux dépôts effectués sous le régime de la loi de 1806.

En ce qui concerne les dépôts à perpétuité effectués sous le régime de la loi du 18 mars 1806 et dont la durée est réduite à cinquante ans, à partir de l'entrée en vigueur de la loi du 14 juillet 1909, ils resteront, jusqu'à l'expiration de cette durée, au secrétariat du conseil de prud'hommes ou au greffe du tribunal, à moins que les intéressés n'en demande soit la publicité, soit la restitution.

Ceux qui n'auront pas été réclamés, à l'expiration de cette période, seront transmis aux établissements spéciaux susmentionnés.

Telles sont, monsieur le président, les instructions dont les secrétaires des conseils de prud'hommes et les greffiers des tribunaux auront à assurer l'exécution.

Je leur ai signalé l'importance de quelques-unes des dispositions que ce règlement renferme. Je ne doute pas qu'ils n'apportent un concours vigilant et dévoué à l'application de la règlementation nouvelle. Je vous serai obligé de vouloir bien y tenir personnellement la main. Je suis d'ailleurs, entièrement à leur disposition pour leur fournir les explications complémentaires qui seraient nécessaires.

Je vous prie de vouloir bien m'accuser réception de la présente circulaire à l'adresse ci-après : A Monsieur le ministre du commerce et de l'industrie, office national de la propriété industrielle, rue St-Martin, n° 292, Paris, 3e.

Le ministre du commerce et de l'industrie,
CH. COUYBA

DÉCLARATION DE DÉPOT

Je soussigné, agissant (1)

Nom :

Prénoms :

Profession :

Domicile :

Commune :   Département

déclare opérer, conformément à la loi du 14 juillet 1909, le dépôt en deux exemplaires identiques de (2)

Lesdits numérotés de 1 à ___ ; une légende étant annexée (3), et le tout renfermé dans une boîte en entourée d'une ficelle fixée par ___ cachets en cire portant comme empreinte (4)

Fait à   , le

---

(1) Inscrire suivant le cas : « pour moi » ou « comme mandataire de »
(2) Indiquer le nombre et la nature très succinctement, sans détails ni descriptions des dessins ou modèles déposés.
(3) A supprimer ou à maintenir suivant le cas.
(4) Indiquer si l'on requiert le maintien jusqu'à vingt-cinq ans avec ou sans publicité.

. . . .

Nº

Timbre
du secrétariat
ou du greffe

Nous, soussigné, secrétaire du conseil de prud'hommes de   (ou greffier du tribunal de

certifions que le dépôt visé dans la déclaration ci-dessus a été opéré le   mil neuf cent à ___ heure ___ et qu'il a été enregistré sous le numéro

Fait à ___ le

FORMULE (A)

DE

CERTIFICAT DE DÉPOT

Ce jour   , à   heures du
au secrétariat du conseil de prud'hommes de
a comparu
demeurant à.   rue
lequel a déposé une boîte en   entourée d'une
ficelle fixée par   cachet   en cire portant comme
empreinte les initiales   , qu'il a déclaré contenir en
deux exemplaires identiques,   modèle
d   *auquel est jointe une notice
explicative* (1), dont il effectue le dépôt, conformément à
la loi du 14 juillet 1909.

Ce dépôt a été enregistré sous le nº

Perçu (3,95 + (2))

LE SECRÉTAIRE,
(Signature)

(1) Partie en *italique* à supprimer ou à maintenir suivant le cas.
(2) 0,05 cent. par modèle déposé. — Inscrire à la suite, la somme totale en toutes lettres. Exemple :
Pour un modèle : Perçu (3,95   0,05) quatre francs.

(A) La présente formule et celles qui suivent ne sont pas officielles. Elles ne sont données ici qu'à titre d'indication et leur rédaction est inspirée par les principes mêmes de la loi et du règlement d'administration publique.

Formule de Demande

DE

PUBLICITÉ DE DÉPOT

Je soussigné _____

domicilié à _____

requiers de M. le secrétaire du conseil de prud'hommes

d _____ conformément à l'article 7, paragraphe 3 de la loi du 14 juillet 1909, l'envoi à l'office national de la propriété industrielle, de la boîte renfermant le dépôt de modèle que j'ai effectué le _____

_____ sous le n° _____,

et qui est revêtue d   cachet   portant l'empreinte

ci-après : _____

Ledit envoi devant être effectué en vue de la publicité à donner au modèle ci-après qui se trouve renfermé dans ledit dépôt : _____

(1)

Fait à _____ le _____

(*Signature*)

---

(1) La publicité pouvant n'être que partielle, indiquer ici la nature et, s'il y a lieu, le nombre des modèles pour lesquels la publicité est réclamée.

Formule de Demande

DE

PROROGATION DE DÉPOT

Je soussigné ....

domicilié à ....

requiers de M. le secrétaire du conseil de prud'hommes

d .... conformément à l'article 7, para-

graphe 3 de la loi du 14 juillet 1909, l'envoi à l'office

national de la propriété industrielle, de la boîte renfer-

mant le dépôt de modèle que j'ai effectué le ....

.... sous le n° ....,

et qui est revêtue d   cachet   portant l'empreinte

ci-après : ....

Ledit envoi devant être effectué en vue du maintien

au secret, pendant une période complémentaire de

vingt ans d   modèle ci-après qui se trouve renfermé

dans ledit dépôt : ....

Fait à   .... le ....

(1)

(*Signature*)

_____

(1) La prorogation pouvant n'être que partielle, indiquer ici la
nature et, s'il y a lieu, le nombre des modèles pour lesquels la
prorogation est réclamée.

Formule de Demande

DE

RESTITUTION DE DÉPOT

Je soussigné

domicilié à

requiers de M. le secrétaire du conseil de prud'hommes

d   conformément à l'article 7, para-

raphe 2 de la loi du 14 juillet 1909, la restitution de

la boîte renfermant le dépôt de modèle que j'ai effectué

le    sous le n°

pour une durée de cinq ans.

Fait à   le

(*Signature*)

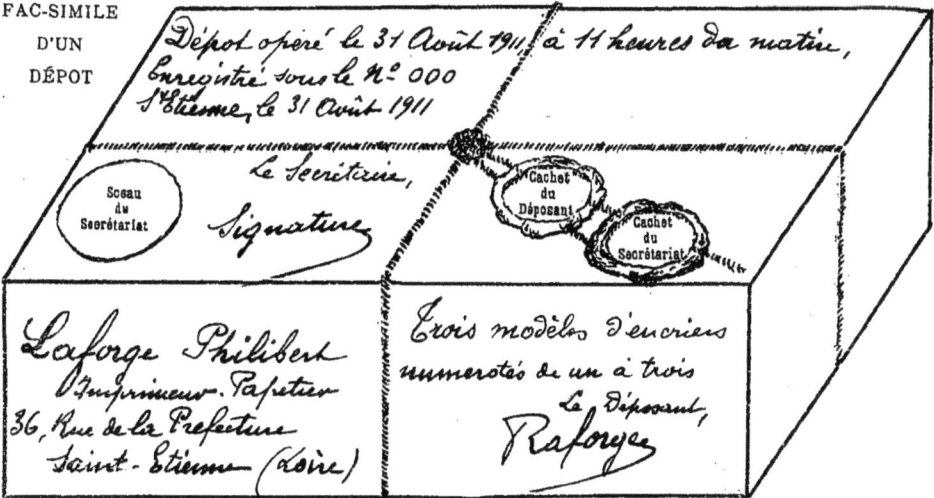

FAC-SIMILE
D'UN
DÉPOT

Dépôt opéré le 31 Août 1911, à 11 heures du matin,
Enregistré sous le N° 000
St Etienne, le 31 Août 1911

Sceau du Secrétariat

Le Secrétaire,
Signature

Cachet du Déposant
Cachet du Secrétariat

Laforge Philibert
Imprimeur - Papetier
36, Rue de la Préfecture
Saint - Etienne (Loire)

Trois modèles d'encriers
numérotés de un à trois
Le Déposant,
Laforge

DIMENSIONS :
Maximum : 0,50 × 0,50 × 0,25 c/m. — Minimum : 0,09 × 0,07 × 0,05 c/m.
Poids maximum : 8 kilogs.

www.ingramcontent.com/pod-product-compliance
Lightning Source LLC
Chambersburg PA
CBHW071409200326
41520CB00014B/3355